Mein Sternenkalender

Wer zwischen 21. März und 20. April Geburtstag hat

Der Widder ist das erste Feuerzeichen im astrologischen Jahreszyklus. Unter seinem Zeichen Geborene sind willensstarke und durchsetzungsfähige Geschöpfe, deren dynamisches Wesen andere mitzureißen vermag.

Mars beherrscht den Widder. Das beschert den unter seiner Herrschaft Geborenen ihr kämpferisches, ja kriegerisches Wesen. Nicht ohne Einfluß ist auch der Neptun.

Feuerfarben wie leuchtendes Rot und flammendes Orange sind dem Widder eigen, daneben auch ein kräftiges Kadmiumgelb. Unter den Pflanzen werden Tabak, Aloe, Brennessel, aber auch Dahlie und Roter Mohn dem Widder zugeordnet. Der klassische Widderbaum ist der zart blühende Mandelbaum.
Eisen, gefolgt von Nickel, gilt als Metall des Widders.
Unter den Mineralien werden Onyx, Saphir, Rosenquarz und Amethyst favorisiert, auch Karneol und Rubin zählt er zu seinen Glückssteinen.

WIDDER
lat. ARIES

21.03.
1685 Johann Sebastian Bach; dt. Komponist
1927 Hans-Dietrich Genscher; dt. Politiker

22.03.
1797 Wilhelm I.; dt. Kaiser

23.03.
1912 Wernher von Braun; dt.-am. Raketenkonstrukteur

24.03.
1533 Wilhelm von Oranien; Statthalter der Niederlande
1927 Martin Walser; dt. Schriftsteller

25.03.
1867 Arturo Toscanini; ital. Dirigent
1881 Béla Bartók; ungar. Komponist und Pianist

26.03.
1888 Elsa Brandström; dt. Frauenrechtlerin
1914 Tennessee Williams; am. Schriftsteller

27.03.
1845 Wilhelm Conrad Röntgen; dt. Physiker
1886 Ludwig Mies van der Rohe; dt. Architekt

28.03.
1897 Joseph ("Sepp") Herberger; dt. Fußballtrainer
1936 Maria Vargas Llosa; peruan. Schriftsteller

Aries

29.03.

1895 Ernst Jünger; dt. Schriftsteller
1912 Hanna Reitsch; dt. Pilotin

30.03.

1818 Friedrich Wilhelm Raiffeisen; dt. Agrarpolitiker
1853 Vincent van Gogh; niederl. Maler

31.03.

1732 Joseph Haydn; österr. Komponist
1930 Volker Schlöndorff; dt. Regisseur

01.04.

1815 Otto v. Bismarck; dt. Politiker („Eiserner Kanzler")
1873 Sergej Rachmaninow; russ. Komponist und Pianist

02.04.

1725 Giacomo Casanova; ital. Abenteurer, Schriftsteller
1805 Hans Christian Andersen; dän. Schriftsteller

03.04.

1863 Henry van de Velde; belg. Architekt
1930 Helmut Kohl; dt. Politiker

04.04.

1785 Bettina von Arnim; dt. Schriftstellerin
1914 Marguerite Duras; frz. Schriftstellerin

05.04.

1588 Thomas Hobbes; engl. Philosoph
1908 Herbert von Karajan; österr. Dirigent

06.04.
1878 Erich Mühsam; dt. Schriftsteller
1890 Anthony Fokker; niederl. Flugzeugkonstrukteur

07.04.
1882 Kurt von Schleicher; dt. General, Politiker
1924 Johannes Mario Simmel; österr. Schriftsteller

08.04.
1859 Edmund Husserl; dt. Philosoph
1969 Arabella Kiesbauer; dt. TV-Moderatorin

09.04.
1872 Léon Blum; frz. Politiker
1933 Jean Paul Belmondo; frz. Schauspieler

10.04.
1847 Joseph Pulitzer; ungar.-am. Journalist und Verleger
1864 Eugen d'Albert; dt. Komponist

11.04.
1825 Ferdinand Lassalle; dt. Jurist und Sozialist, Schriftsteller

12.04.
1909 Lionel Hampton; am. Jazzmusiker, Vibraphonist

13.04.
1872 Alexander Roda Roda; österr. Schriftsteller
1906 Samuel Beckett; ir.-frz. Schriftsteller

14.04.

1886 Ernst Robert Curtius; dt. Literaturwissenschaftler, Romanist
1935 Erich von Däniken; schweiz. Schriftsteller

15.04.

1452 Leonardo da Vinci; ital. Maler, Konstrukteur und
Naturwissenschaftler
1939 Claudia Cardinale; ital. Schauspielerin

16.04.

1889 Charles Chaplin; am. Schauspieler und Regisseur
1921 Peter Ustinov; brit. Schauspieler, Regisseur, Schriftsteller

17.04.

1885 Tania Blixen; dän. Schriftstellerin
1894 Nikita Chruschtschow; sowj. Politiker

18.04.

1480 Lukrezia Borgia; ital. Fürstin
1888 Frida Leider; dt. Sopranistin

19.04.

1759 August Wilhelm Iffland; dt. Schauspieler und
Theaterdirektor
1772 David Ricardo, engl. Nationalökonom

20.04.

570 Mohammed, Prophet, Begründer des Islam
1893 Joan Miró; span. Maler

Willensstärke und Durchsetzungskraft der Widder verkörperte wie kaum
ein zweiter Arturo Toscanini (* 25.03.1867), der es vom unbekannten Tutti-Cellisten
bis zum weltweit gefeierten Stardirigenten brachte.
Als er einmal von einem Verehrer gefragt wurde, wie er es denn schaffe,
Aber hunderte verschiedener Orchester- und Opernpartituren
bis ins Detail auswendig zu können, antwortete Toscanini: „Ich lerne sie."

Wer zwischen 21. April und 20. Mai Geburtstag hat

Der Stier ist ein Erdzeichen. Unter diesem Zeichen Geborene zeichnen sich durch Willensstärke, Zielstrebigkeit und Bedächtigkeit aus.

Im Stier hat der Planet Venus sein Haus. Das gibt Stiergeborenen eine starke Emotionalität und eine ausgeprägte Beziehungsfähigkeit. Stiermenschen sind lebenslustig und dem Genuß der schönen Dinge zugeneigt. Manchmal ist ihnen ein starkes Sicherheitsbedürfnis zu eigen.

Stiergeborene bevorzugen die Farben der Venus, vor allem Kupfertöne und selbst die grünen Töne der Kupferpatina. Unter den Pflanzen werden ihnen Primel, Akelei und Gänseblümchen zugeordnet; Esche, Mandelbaum und Zypresse sind typische Stier-Bäume.
Kupfer gilt als ihr typisches Metall; selten tragen sie es als Schmuck, aber mancher Stier hat immer einen kupfernen Glückspfennig bei sich. Typische Stier-Minerale sind Smaragd und Grüner Achat.

STIER
lat. TAURUS

21. APRIL – 20. MAI

21.04.

1916 Anthony Quinn; mex.-am. Schauspieler
1926 Elisabeth II., Königin von England

22.04.

1724 Immanuel Kant; dt. Philosoph
1916 Yehudi Menuhin; am. Violinist

23.04.

1891 Sergej Prokofiew; russ. Komponist
1902 Halldor Laxness; isländ. Schriftsteller

24.04.

1909 Bernhard Grzimek; dt. Zoologe
1942 Barbra Streisand; am. Schauspielerin, Sängerin

25.04.

1599 Oliver Cromwell; engl. Politiker, Feldherr
1918 Ella Fitzgerald; am. Jazz-Sängerin

26.04.

1564 William Shakespeare; engl. Dramatiker
1787 Ludwig Uhland; dt. Dichter

27.04.

1791 Samuel Morse; am. Erfinder (Morsealphabet)

28.04.

1874 Karl Kraus; österr. Schriftsteller, Publizist

Taurus

29.04.

1879 Thomas Beecham; brit. Dirigent
1894 Paul Hörbiger; österr. Schauspieler

30.04.

1869 Hans Poelzig; dt. Architekt
1911 Luise Rinser; dt. Schriftstellerin

01.05.

1881 Pierre Teilhard de Chardin; frz. Philosoph

02.05.

1729 Katharina II., die Große; russ. Zarin
1886 Gottfried Benn, dt. Schriftsteller

03.05.

1469 Niccolò Machiavelli; ital. Politiker, Schriftsteller
1898 Golda Meir; israel. Politikerin
1937 Frank Sicker; dt. Verleger

04.05.

1722 Friedrich Arnold Brockhaus; dt. Verleger
1880 Bruno Taut; dt. Architekt

05.05.

1813 Sören Kierkegaard; dän. Philosoph
1818 Karl Marx; dt. Sozialist, Philosoph und Ökonom

06.05.

1856 Sigmund Freud; österr. Psychoanalytiker
1856 Robert Peary; am. Polarforscher

07.05.

1853 Johannes Brahms; dt. Komponist
1908 Max Grundig; dt. Industrieller

08.05.

1884 Harry S. Truman; am. Politiker, Präsident der USA
1903 Fernandel; frz. Schauspieler, Komiker

09.05.

1837 Adam Opel; dt. Industrieller
1921 Sophie Scholl; dt. Widerstandskämpferin

10.05.

1878 Gustav Stresemann; dt. Politiker

11.05.

1720 Karl Friedrich Hieronymus von Münchhausen;
     „Lügenbaron"
1909 Georg von Holtzbrinck; dt. Verleger

12.05.

1670 Friedrich August I., August der Starke; sächs. Kurfürst,
     König in Polen
1900 Helene Weigel; dt. Schauspielerin

13.05.

1856 Reinhard Mannesmann; dt. Industrieller, Erfinder
1909 Daphne du Maurier; brit. Schriftstellerin

14.05.

1884 Claude Dornier; dt. Flugzeugkonstrukteur
1885 Otto Klemperer; dt. Dirigent

Taurus

15.05.

1567 Claudio Monteverdi; ital. Komponist
1820 Florence Nightingale; brit. Krankenschwester

16.05.

1919 Gisela Uhlen; dt. Schauspielerin
1953 Pierce Brosnan; am. Filmschauspieler

17.05.

1821 Sebastian Kneipp; dt. Pfarrer und Naturheilkundler
1946 Udo Lindenberg; dt. Rockmusiker

18.05.

1883 Walter Gropius; dt. Architekt
1950 Thomas Gottschalk; dt. Entertainer

19.05.

1762 Johann Gottlieb Fichte; dt. Philosoph

20.05.

1799 Honoré de Balzac; frz. Romancier
1882 Sigrid Undset; norw. Schriftstellerin

Honoré de Balzac (* 20.05.1799) hinterließ ein riesiges literarisches Werk.
Seinen enormen Arbeitseifer begründete er einmal
mit stiertypischem Selbstbewußtsein so:
„Ich suche in der Literatur möglich viel Platz einzunehmen, damit möglichst
wenig Platz für die Dummköpfe bleibt."

Wer zwischen 21. Mai und 21. Juni Geburtstag hat

Die Zwillinge sind ein Luftzeichen. Unter diesem Zeichen Geborene verfügen über außergewöhnliche Intelligenz und großen Gedankenreichtum.

In den Zwillingen hat der Merkur sein Haus. Den Alten galt Merkur nicht nur als Götterbote, sondern auch als Schutzgott von Handel und Gewerbe. Zwillingegeborene sind unter seinem Einfluß sehr kommunikative Menschen, die über ausgezeichnete rhetorische Fähigkeiten verfügen.

Die Farbe des Zwillings ist Gelb in all seinen Abstufungen. Unter den Pflanzen werden ihm Azalee und Maiglöckchen, Lavendel und Myrte zugeordnet. Der Nußbaum gilt als typischer Zwillinge-Baum. Quecksilber, das Merkur-Metall, wird von alters her den Zwillingen zugerechnet; glänzenden Silberschmuck tragen Zwillingegeborene lieber als Gold. Die typischen Zwillinge-Minerale sind Achat und Smaragd.

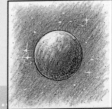

ZWILLINGE
lat. GEMINI

21. MAI – 21. JUNI

21.05.
1471 Albrecht Dürer; dt. Maler und Kupferstecher
1932 Gabriele Wohmann; dt. Schriftstellerin

22.05.
1813 Richard Wagner; dt. Komponist
1907 Lawrence Olivier; brit. Schauspieler

23.05.
1937 Ingeborg Hallstein; dt. Sopranistin
1951 Anatoli Karpow; russ. Schachspieler

24.05.
1686 Gabriel Daniel Fahrenheit; dt. Physiker
1914 Lili Palmer; dt. Schauspielerin

25.05.
1818 Jacob Burckhardt; schweiz. Kulturhistoriker

26.05.
1771 Rahel Varnhagen von Ense, geb. Levin; dt. Schriftstellerin
1948 David Bowie; brit. Rocksänger

27.05.
1878 Isadora Duncan; am. Tänzerin
1923 Henry A. Kissinger; am. Politiker

28.05.
1923 György Ligeti; ungar. Komponist

29.05.

1917 John F. Kennedy; am. Politiker, Präsident der USA

30.05.

1887 Alexander Archipenko; russ. Bildhauer
1909 Benny Goodman; am. Jazz-Musiker, Klarinettist

31.05.

1773 Ludwig Tieck; dt. Dichter
1945 Rainer Werner Fassbinder; dt. Regisseur

01.06.

1826 Carl Bechstein; dt. Klavierfabrikant
1926 Marilyn Monroe; am. Filmschauspielerin

02.06.

1740 Donatien Alphonse François Marquis de Sade;
     frz. Schriftsteller
1920 Marcel Reich-Ranicki; dt. Literaturkritiker

03.06.

1906 Josephine Baker; am. Tänzerin, Sängerin

04.06.

1882 Karl Valentin; dt. Komiker, Schauspieler und Schriftsteller

05.06.

1723 Adam Smith; brit. Nationalökonom, Philosoph
1884 Ralph Benatzky; österr. Operettenkomponist

06.06. 1875 Thomas Mann; dt. Schriftsteller

07.06. 1848 Paul Gaugin; frz. Maler

08.06. 1810 Robert Schumann; dt. Komponist
1948 Jürgen von der Lippe; dt. Entertainer

09.06. 1843 Bertha von Suttner; österr. Pazifistin, Schriftstellerin
1881 Felix Graf von Luckner; dt. Seeoffizier („Seeteufel")

10.06. 1844 Carl Hagenbeck; dt. Zoodirektor
1903 Theo Lingen; dt. Schauspieler

11.06. 1864 Richard Strauss; dt. Komponist
1910 Jacques-Yves Cousteau; frz. Tiefseeforscher

12.06. 1879 Anthony Eden; brit. Politiker

13.06. 1897 Paavo Nurmi; finn. Langstreckenläufer
1935 Christo; am.-bulg. Verpackungskünstler

Gemini

14.06.

1811 Harriet Beecher-Stowe; am. Schriftstellerin
1832 Nikolaus August Otto; dt. Ingenieur

15.06.

1843 Edvard Grieg; norw. Komponist

16.06.

1313 Giovanni Boccaccio; ital. Schriftsteller

17.06.

1882 Igor Strawinski; russ. Komponist

18.06.

1942 Paul McCartney; brit. Rockmusiker

19.06.

1783 Friedrich Sertürner; dt. Apotheker
1842 Carl Zeller; österr. Operettenkomponist

20.06.

1819 Jacques Offenbach; dt.-frz. Komponist

21.06.

1905 Jean-Paul Sartre; frz. Schriftsteller, Philosoph
1921 Jane Russell; am. Filmschauspielerin

Wer zwischen 22. Juni und 22. Juli Geburtstag hat

Der Krebs ist das erste der Wasserzeichen im astrologischen Jahreszyklus. Unter diesem Zeichen Geborene besitzen ein reiches Innenleben und stehen stark unter dem Einfluß ihrer Gefühle.

Im Krebs hat der Mond sein Haus. Er ist das Symbol der Mütterlichkeit und Fruchtbarkeit. Krebsgeborene entwickeln starke emotionale Bindungen und zeichnen sich durch besondere Fürsorglichkeit aus.

Krebsgeborene schätzen silbrig blaue und hellgraue Farbtöne, mögen aber auch helles Grün. Unter den Pflanzen werden ihnen Weiße Lilie, Bärenklau und Geißblatt zugeordnet. Der Gummibaum – neben anderen saftreichen Bäumen – gilt als typischer Krebs-Baum. Silber ist ihr charakteristisches Metall; Schmuckliebhaber tragen auch gern Perlen und Gegenstände aus Schildpatt. Typische Krebs-Minerale sind Opal und Smaragd.

KREBS
lat. CANCER

22.06.

1767 Wilhelm v. Humboldt; preuß. Staatsmann, Sprachwissenschaftler
1944 Klaus Maria Brandauer; österr. Schauspieler

23.06.

1810 Fanny Elßler; österr. Tänzerin
1910 Jean Anouilh; frz. Dramatiker

24.06.

1777 John Ross; engl. Seefahrer

25.06.

1894 Hermann Oberth; dt.-rum. Physiker, Raketenpionier
1926 Ingeborg Bachmann; österr. Schriftstellerin

26.06.

1898 Willy Messerschmidt; dt. Flugzeugkonstrukteur
1904 Peter Lorre; österr.-am. Schauspieler

27.06.

1789 Friedrich Silcher; dt. Liedkomponist
1880 Helen Keller; am. Schriftstellerin

28.06.

1577 Peter Paul Rubens; fläm. Maler
1831 Joseph Joachim; dt. Violinist

29.06.

1807 Anton Philipp Reclam; dt. Verleger
1886 Robert Schuman; frz. Politiker, Außenminister

Cancer

30.06.

1926 Peter Alexander; österr. Sänger, Schauspieler

01.07.

1646 Gottfried Wilhelm Leibniz; dt. Philosoph und
     Universalgelehrter
1742 Georg Christoph Lichtenberg; dt. Schriftsteller, Physiker

02.07.

1644 Abraham a Sancta Clara; dt. Augustinermönch, Prediger
1714 Christoph Willibald Gluck; dt. Komponist

03.07.

1875 Ferdinand Sauerbruch; dt. Chirurg
1883 Franz Kafka; österr. Schriftsteller

04.07.

1900 Louis Armstrong; am. Jazztrompeter und -sänger
1928 Gina Lollobrigida; ital. Schauspielerin

05.07.

1899 Jean Cocteau; frz. Schriftsteller
1911 George Pompidou; frz. Politiker, Staatspräsident

06.07.

1898 Hanns Eisler; dt. Komponist

07.07.

1860 Gustav Mahler; österr. Komponist und Dirigent
1889 Marc Chagall; russ.-frz. Maler

08.07.

1838 Ferdinand Graf v. Zeppelin; dt. General und Luftschiffpionier
1867 Käthe Kollwitz; dt. Graphikerin

09.07.

1901 Barbara Cartland; brit. Schriftstellerin
1956 Tom Hanks; am. Filmschauspieler

10.07.

1834 James MacNeill Whistler; am. Maler und Graphiker
1895 Carl Orff; dt. Komponist

11.07.

1906 Herbert Wehner; dt. Politiker
1934 Giorgio Armani; ital. Designer

12.07.

1868 Stefan George; dt. Lyriker

13.07.

100 (v. Chr.) Gajus Julius Caesar; röm. Feldherr, Politiker
1894 Isaak Babel; russ. Schriftsteller

14.07.

1918 Ingmar Bergman; schwed. Regisseur
1939 Karel Gott; tschech. Schlagersänger

15.07.

1606 Rembrandt Harmensz van Rijn; niederl. Maler

Cancer

16.07.

1872 Roald Amundsen; norw. Polarforscher

17.07.

1787 Friedrich Krupp; dt. Industrieller
1860 Clara Viebig; dt. Schriftstellerin

18.07.

1864 Ricarda Huch; dt. Schriftstellerin
1921 John Glenn; am. Astronaut

19.07.

1893 Wladimir Majakowski; russ. Dichter

20.07.

1847 Max Liebermann; dt. Maler

21.07.

1858 Lovis Corinth; dt. Maler

22.07.

1878 Janusz Korzak; poln. Kinderarzt und Pädagoge

Der französische Dramatiker Jean Anouilh (* 23.06.1910) wurde einmal gefragt,
wie er über den Erfolg denke.
„Wenn man Erfolg hat", erklärte Anouilh, „ist man in der Lage,
soviel Geld zu verdienen, daß man damit all die Verpflichtungen erfüllen kann,
die man gar nicht haben würde, wenn man keinen Erfolg hätte."

Wer zwischen 23. Juli und 23. August Geburtstag hat

Der Löwe ist ein Feuerzeichen. Unter diesem Zeichen Geborene bringen ausgeprägte Führungsqualitäten und ein hervorragendes Organisationstalent mit.

Im Löwen hat die Sonne ihr Haus. Das macht Löwen zu ehrgeizigen, karrierebewußten und kraftvollen Persönlichkeiten, die manchmal jedoch zu cholerischen Reaktionen neigen und ihren Willen häufig mit zuviel ungestümer Leidenschaft durchsetzen wollen.

Die Farben der Löwegeborenen sind die Farben der Sonne – Gelb, Orange und leuchtendes Rot. Unter den Pflanzen werden ihnen Sonnenblume und Ringelblume zugeordnet. Typische Löwe-Bäume sind neben den Zitrusbäumen vor allem die Palme, der Lorbeer- und der Walnußbaum. Gold ist das charakteristische Metall der Löwegeborenen. Ihr Mineral ist der in der Farbe des Sonnenuntergangs leuchtende Rubin.

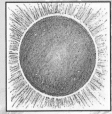

LÖWE
lat. LEO

23.07.
1884 Emil Jannings; dt. Schauspieler
1938 Götz George; dt. Schauspieler

24.07.
1802 Alexandre Dumas (père); frz. Schriftsteller
1864 Frank Wedekind; dt. Schriftsteller

25.07.
1905 Elias Canetti; österr. Schriftsteller

26.07.
1856 George Bernard Shaw; ir. Schriftsteller, Dramatiker
1908 Salvador Allende Gossens; chilen. Politiker, Präsident

27.07.
1940 Pina Bausch; dt. Tänzerin und Choreographin

28.07.
1824 Alexandre Dumas (fils); frz. Schriftsteller
1874 Ernst Cassirer; dt. Philosoph

29.07.
1889 Ernst Reuter; dt. Politiker
1925 Mikis Theodorakis; griech. Komponist

30.07.
1863 Henry Ford; am. Industrieller
1947 Arnold Schwarzenegger, österr.-am. Filmdarsteller

Leo

31.07.

1884 Carl Friedrich Goerdeler; dt. Politiker, Widerstandskämpfer

01.08.

1880 Hans Moser; österr. Schauspieler
1940 Nick Nolte; am. Filmschauspieler

02.08.

1905 Karl Amadeus Hartmann; dt. Komponist

03.08.

1770 Friedrich Wilhelm III.; preuß. König

04.08.

1859 Knut Hamsun; norw. Schriftsteller

05.08.

1850 Guy de Maupassant; frz. Schriftsteller

06.08.

1881 Alexander Fleming; brit. Mikrobiologe (Penicillin)

07.08.

1876 Mata Hari; niederl. Tänzerin, Spionin
1883 Joachim Ringelnatz; dt. Dichter

08.08.
1883 Emiliano Zapata; mex. Revolutionär
1928 Andy Warhol; am. Künstler

09.08.
1914 Ferenc Fricsay; ungar. Dirigent

10.08.
1868 Hugo Eckener; dt. Luftschiff-Kapitän (LZ 127)
1878 Alfred Döblin; dt. Schriftsteller

11.08.
1778 Friedrich Ludwig Jahn; dt. Schriftsteller, „Turnvater"
1892 Käthe Haack; dt. Schauspielerin

12.08.
1762 Christoph Wilhelm Hufeland; dt. Mediziner

13.08.
1899 Alfred Hitchcock; brit. Filmregisseur
1927 Fidel Castro; kuban. Revolutionär und Politiker

14.08.
1688 Friedrich Wilhelm I.; preuß. König („Soldatenkönig")
1943 Wolf Wondratschek; dt. Schriftsteller

15.08.
1740 Matthias Claudius; dt. Dichter
1769 Napoelon I.; frz. Feldherr, Erster Konsul, Kaiser

16.08.

1832 Wilhelm Wundt; dt. Mediziner und Psychologe
1959 Madonna; am. Popsängerin

17.08.

1876 Theodor Däubler; dt. Dichter
1943 Robert De Niro; am. Filmschauspieler

18.08.

1830 Franz Joseph I.; österr. Kaiser
1973 Leo Slezak; österr. Tenor, Schauspieler

19.08.

1864 Adele Sandrock; dt. Schauspielerin

20.08.

1827 Charles de Coster; fläm. Schriftsteller („Till Ulenspiegel")

21.08.

1567 Franz von Sales; frz. Bischof, Schriftsteller und Humanist

22.08.

1897 Elisabeth Bergner; österr. Schauspielerin
1902 Leni Riefenstahl; dt. Schauspielerin, Regisseurin und Fotografin

23.08.

1900 Ernst Křenek; österr. Komponist
1924 Ephraim Kishon; israel. Schriftsteller

Wer zwischen 24. August und 23. September Geburtstag hat

Die Jungfrau ist ein Erdzeichen. Unter diesem Zeichen Geborenen eignet ein kritisches Urteil und ein klarer analytischer Verstand.

In der Jungfrau hat der Planet Merkur sein Haus. Er wird für die schnelle Auffassungsgabe und für das systematische und analytische Denken der Jungfraugeborenen verantwortlich gemacht, die das Gefühl manchmal zu kurz kommen lassen.

Jungfraugeborene stehen auf die Farben Marineblau, Dunkelbraun und Grün. Unter den Pflanzen werden ihnen Zitronenmelisse sowie die rosa und rot blühenden Kräuter zugeordnet. Die Buche ist, neben anderen Bäumen mit nußartigen Früchten, der charakteristische Jungfrau-Baum. Nickel und das Merkur-Metall Quecksilber gelten als typische Jungfrau-Metalle. Die Minerale Sardonyx, Karneol und Jaspis werden ebenfalls der Jungfrau zugeschrieben.

JUNGFRAU
lat. VIRGO

24. AUGUST – 23. SEPTEMBER

24.08.

1899 Jorge Luis Borges; argent. Schriftsteller

25.08.

1918 Leonard Bernstein; am. Dirigent und Komponist
1927 Liselott Linsenhoff; dt. Unternehmerin, Dressurreiterin

26.08.

1740 Joseph Montgolfier; frz. Erfinder (Heißluftballon)

27.08.

1770 Georg Wilhelm Friedrich Hegel; dt. Philosoph
1914 Heidi Kabel; dt. Schauspielerin

28.08.

1749 Johann Wolfgang Goethe; dt. Dichter, Naturforscher, Staatsmann

29.08.

1780 Jean Dominique Ingres; frz. Maler
1915 Ingrid Bergman, schwed. Schauspielerin

30.08.

1797 Mary Shelley; engl. Schriftstellerin („Frankenstein")
1939 Peter Maffay; dt.-rum. Popsänger

31.08.

1821 Hermann v. Helmholtz; dt. Physiker
1870 Maria Montessori; ital. Ärztin und Pädagogin

Virgo

01.09.

1854 Engelbert Humperdinck; dt. Komponist („Hänsel und Gretel")

02.09.

1763 Caroline von Schlegel; dt. Schriftstellerin
1853 Wilhelm Ostwald; dt. Physiker und Chemiker

03.09.

1875 Ferdinand Porsche; dt. Autokonstrukteur

04.09.

1824 Anton Bruckner; österr. Komponist
1888 Oskar Schlemmer; dt. Maler

05.09.

1774 Caspar David Friedrich; dt. Maler
1942 Werner Herzog; dt. Filmregisseur

06.09.

1729 Moses Mendelssohn; dt. Philosoph
1915 Franz Josef Strauß; dt. Politiker

07.09.

1533 Elisabeth I.; Königin von England
1930 Baudouin I.; König der Belgier

08.09.

1778 Clemens Brentano; dt. Dichter
1930 Mario Adorf; dt.-schweiz. Schauspieler

09.09.
1737 Luigi Galvani; ital. Arzt und Naturforscher
1873 Max Reinhardt; dt. Regisseur und Theaterleiter

10.09.
1890 Franz Werfel; österr. Schriftsteller

11.09.
1903 Theodor W. Adorno; dt. Philosoph, Soziologe, Musikwissenschaftler
1945 Franz Beckenbauer; dt. Fußballspieler und -trainer

12.09.
1888 Maurice Chevalier; frz. Chansonnier
1921 Stanislaw Lem; poln. Schriftsteller, Philosoph

13.09.
1819 Clara Schumann; dt. Pianistin
1874 Arnold Schönberg; österr. Komponist

14.09.
1760 Luigi Cherubini; ital.-frz. Komponist
1944 Günter Netzer; dt. Fußballspieler

15.09.
1756 Karl Philipp Moritz; dt. Schriftsteller
1890 Agatha Christie; brit. Kriminalschriftstellerin

16.09.
1887 Hans Arp; dt.-frz. Maler und Dichter
1943 Oskar Lafontaine; dt. Politiker

17.09.

1883 Käte Kruse; dt. Kunstgewerblerin

18.09.

1905 Greta Garbo; schwed. Filmschauspielerin

19.09.

1802 Lajos Kossuth; ungar. Freiheitskämpfer
1922 Emil Zátopek; tschech. Langstreckenläufer

20.09.

1916 Rudolf August Oetker; dt. Industrieller
1934 Sophia Loren; ital. Schauspielerin

21.09.

1866 Herbert George Wells; brit. Schriftsteller
1934 Larry Hagman; am. Filmschauspieler („Dallas")

22.09.

1791 Michael Faraday; engl. Physiker, Chemiker
1892 Hans Albers; dt. Schauspieler

23.09.

1861 Robert Bosch; dt. Erfinder und Industrieller
1938 Romy Schneider; dt. Filmschauspielerin

Den richtigen Riecher für die Situation, eine jungfrautypische Eigenschaft,
bewies Arnold Schönberg (* 13.09.1874), als man ihm in Amerika die Komposition
von Filmmusik antrug. Schönberg erschreckte die Produzenten mit
immens hohen Honorarforderungen. „Wenn ich schon Selbstmord begehe",
sagte er, „will ich wenigstens gut davon leben."

Wer zwischen 24. September und 23. Oktober Geburtstag hat

Die Waage ist ein Luftzeichen. Unter diesem Zeichen Geborene sind intelligent, kunstsinnig und verfügen über einen ausgeprägten Gerechtigkeitssinn.

In der Waage regiert die Venus. Sie gibt den Waagegeborenen eine hochentwickelte Beziehungsfähigkeit und Sinn für Zärtlichkeiten. Zuweilen können sinnlich sensibilisierte Waagemenschen aber auch vergnügungs- und putzsüchtig sein.

Im Farbspektrum der Waage dominieren Pink, Hellgrün und Blau. Floristische Favoritin ist die Rose; Veilchen, Gänseblümchen und der Fingerhut werden ebenfalls mit diesem Zeichen in Verbindung gebracht. Esche, Zypresse und Wilder Wein sind die typischen Waage-Bäume bzw. -Gehölze. Kupfer ist das charakteristische Metall, das Waagegeborene auch in der Verbindung mit Zinn als Bronze schätzen. Gelber und Roter Saphir sowie der Chrysolith gelten als typische Waage-Minerale.

WAAGE
lat. LIBRA

24. SEPTEMBER – 23. OKTOBER

24.09.

1583 Albrecht v. Wallenstein, Herzog v. Friedland; österr.
Feldherr
1683 Jean Philippe Rameau; frz. Komponist

25.09.

1844 Sarah Bernhardt; frz. Schauspielerin
1897 William Faulkner; am. Schriftsteller

26.09.

1791 Théodore Géricauld; frz. Maler
1898 George Gershwin; am. Komponist

27.09.

1389 Cosimo de Medici; ital. Fürst
1882 Elly Ney; dt. Pianistin

28.09.

1905 Max Schmeling; dt. Schwergewichtsboxer
1934 Brigitte Bardot; frz. Schauspielerin

29.09.

1758 Horatio Nelson; brit. Admiral
1912 Michelangelo Antonioni; ital. Filmregisseur

30.09.

1908 David Oistrach; russ. Violinist
1934 Udo Jürgens; dt. Popsänger

01.10.

1881 William Edvard Boeing; am. Flugzeugkonstrukteur

Libra

02.10.

1869 Mohandâs Karamtschand „Mahatma" Gandhi; ind. Politiker
1904 Graham Greene; brit. Schriftsteller

03.10.

1859 Eleonora Duse; ital. Schauspielerin
1889 Carl von Ossietzky; dt. Publizist und Schriftsteller

04.10.

1472 Lucas Cranach d. Ä.; dt. Maler und Graphiker
1892 Luis Trenker; österr. Bergsteiger, Regisseur, Schriftsteller

05.10.

1713 Denis Diderot; frz. Schriftsteller, Enzyklopädist

06.10.

1882 Karol Szymanowski; poln. Komponist
1887 Le Corbusier; frz.-schweiz. Architekt

07.10.

1885 Niels Bohr; dän. Physiker

08.10.

1890 Heinrich Focke; dt. Flugzeugkonstrukteur
1919 Pierre Elliot Trudeau; kan. Politiker

09.10.

1893 Heinrich George; dt. Schauspieler
1908 Jacques Tati; frz. Schauspieler und Regisseur

10.10.

1813 Giuseppe Verdi; ital. Komponist
1913 Claude Simon; frz. Schriftsteller

11.10.

1825 Conrad Ferdinand Meyer; schweiz. Schriftsteller
1929 Liselotte Pulver; schweiz. Schauspielerin

12.10.

1868 August Horch; dt. Autokonstrukteur („Audi")
1942 Daliah Lavi; israel. Sängerin

13.10.

1895 Kurt Schumacher; dt. Politiker
1925 Margaret Thatcher; brit. Politikerin

14.10.

1890 Dwight D. Eisenhower; am. General, Politiker, Präsident
     der USA
1906 Hannah Arendt; dt.-am. Publizistin und Schriftstellerin

15.10.

1795 Friedrich Wilhelm IV.; preuß. König
1844 Friedrich Nietzsche; dt. Philosoph

16.10.

1854 Oscar Wilde; brit. Schriftsteller
1886 David Ben Gurion; israel. Politiker

17.10.

1813 Georg Büchner; dt. Schriftsteller
1873 Alfred Polgar; österr. Schriftsteller

Libra

18.10.

1663 Prinz Eugen von Savoyen; österr. Feldherr
1896 Friedrich Hollaender; dt. Komponist und Kabarettist

19.10.

1859 Georg Knorr; dt. Ingenieur (Knorr-Bremse)
1900 Erna Berger; dt. Sopranistin

20.10.

1861 Maximilian Harden; dt. Publizist und Schriftsteller
1911 Grete Schickedanz; dt. Unternehmerin („Quelle")

21.10.

1833 Alfred Nobel; schwed. Chemiker, Stifter des Nobelpreises
1884 Claire Waldoff; dt. Kabarettistin

22.10.

1870 Iwan Bunin; russ. Schriftsteller
1925 Robert Rauschenberg; am. Maler

23.10.

1801 Albert Lortzing; dt. Komponist
1817 Pierre Larousse; frz. Lexikograph

Mit Lebensklugheit und waagetypischem Gerechtigkeitssinn beantwortete der
Literatur-Nobelpreisträger William Faulkner (* 25.09.1897) die Frage einer
Leserin, ob die Menschen wirklich so böse und schlecht wären, wie in manchen
seiner Bücher beschrieben: „Die Menschen sind nicht schlechter, als sie es
früher waren. Allerdings ist die Berichterstattung über ihr Tun und Lassen besser,
ausführlicher und zuverlässiger geworden."

Wer zwischen 24. Oktober und 22. November Geburtstag hat

Der Skorpion ist ein Wasserzeichen. Unter diesem Zeichen Geborene sind kämpferisch und energisch, zeichnen sich durch Geduld und Beharrlichkeit aus.

Der Skorpion wird von Pluto und Mars beherrscht.
Das verstärkt die Motivation bei Skorpiongeborenen und kann sogar eine gewisse Angriffslust, ja sogar Fanatismus bewirken, die leicht in Rücksichtslosigkeit gegenüber Schwächeren umschlagen.

Die dominierenden Farben der Skorpiongeborenen sind Scharlachrot und dunkles Purpur, die Farben des „Höllenfürsten" Pluto. Unter den Pflanzen rechnet man ihnen dunkelrot blühende zu; auch Geranien und wilde Disteln. Heckengewächse wie Schwarzdorn oder Hagedorn gelten als Skorpion-Bäume. Eisen ist das klassische Metall der Skorpiongeborenen, neuerdings zählt auch Plutonium dazu. Charakteristische Skorpion-Minerale sind Rubin und Aquamarin, aber auch Opale werden geschätzt sowie der kastanienbraune Bernstein.

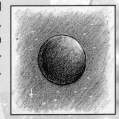

SKORPION
lat. SCORPIUS

24. OKTOBER – 22. NOVEMBER

24.10.

1763 Dorothea Schlegel; dt. Schriftstellerin
1927 Gilbert Becaud; frz. Chansonnier

25.10.

1838 George Bizet; frz. Komponist
1881 Pablo Picasso; span.-frz. Maler

26.10.

1800 Helmut Graf v. Moltke; preuß. Heerführer;
Generalstabschef
1916 François Mitterand; frz. Politiker; Staatspräsident

27.10.

1728 James Cook; engl. Seefahrer
1858 Theodore Roosevelt; am. Politiker, Präsident der USA

28.10.

1466 Desiderius Erasmus von Rotterdam; niederl. Humanist
1943 Cornelia Froboess; dt. Schauspielerin

29.10.

1507 Fernando Alvarez de Toledo, Herzog von Alba; span.
Heerführer

30.10.

1785 Hermann Fürst von Pückler-Muskau; dt. Schriftsteller,
Landschaftsgärtner
1932 Louis Malle; frz. Regisseur

31.10.

1795 John Keats; engl. Lyriker
1911 Luise Ullrich; österr. Schauspielerin

01.11.

1892 Alexander Aljochin; russ. Schachspieler, Weltmeister
1921 Ilse Aichinger; österr. Schriftstellerin

02.11.

1755 Marie Antoinette; frz. Königin
1913 Burt Lancaster; am. Schauspieler

03.11.

1801 Karl Baedeker; dt. Verleger
1913 Marika Rökk; ungar. Tänzerin, Sängerin, Darstellerin

04.11.

1890 Klabund; dt. Dichter

05.11.

1494 Hans Sachs; dt. Meistersinger, Schuhmacher
1923 Rudolf Augstein; dt. Journalist und Verleger

06.11.

1880 Robert Musil; österr. Schriftsteller

07.11.

1878 Lise Meitner; österr. Physikerin
1913 Albert Camus; frz. Schriftsteller

08.11.

1900 Margaret Mitchell; am. Schriftstellerin
1922 Christiaan Barnard; südafr. Herzchirurg

09.11.

1818 Iwan Turgenjew; russ. Schriftsteller

10.11.

1483 Martin Luther; dt. Reformator
1759 Friedrich Schiller; dt. Dichter

11.11.

1821 Fjodor M. Dostojewski; russ. Schriftsteller
1962 Demi Moore; am. Filmschauspielerin

12.11.

1834 Alexander P. Borodin; russ. Komponist
1923 Vicco v. Bülow, gen. „Loriot"; dt. Schriftsteller, Cartoonist,
     Regisseur

13.11.

1886 Mary Wigman; dt.-am. Tänzerin, Choreographin und
     Tanzpädagogin

14.11.

1907 Astrid Lindgren; schwed. Kinderbuchautorin

15.11.

1862 Gerhart Hauptmann; dt. Dichter und Dramatiker
1936 Wolf Biermann; dt. Liedermacher, Schriftsteller

16.11.

1895 Paul Hindemith; dt. Komponist
1937 Lothar Späth; dt. Politiker

Scorpius

17.11.

1887 Bernhard L. Viscount Montgomery of Alamein; brit. Feldmarschall

1888 Curt Goetz; dt. Schauspieler und Dramatiker

18.11.

1786 Carl Maria von Weber; dt. Komponist

1789 Louis Jacques Mandé Daguerre; frz. Maler, Erfinder der Photographie

19.11.

1711 Michail Lomonossow; russ. Naturforscher und Universalgelehrter

1833 Wilhelm Dilthey; dt. Philosoph und Kulturhistoriker

20.11.

1602 Otto v. Guericke; dt. Physiker, Bürgermeister von Magdeburg

1937 René Kollo; dt. Tenor

21.11.

1694 Voltaire; frz. Philosoph und Schriftsteller

1768 Friedrich Schleiermacher; dt. Theologe und Philosoph

22.11.

1890 Charles de Gaulle; frz. General und Politiker, Staatspräsident

Charles de Gaulle (* 22.11.1890), ein typischer Skorpion, der den Mars-Einfluß auch in seinem politischen Wirken nie verleugnet hat, formulierte seinen Unmut über das endlose Diskutieren und Zerreden jeder politischen Angelegenheit durch sogenannte Experten einmal folgendermaßen:
„Die zehn Gebote sind deshalb so kurz und verständlich, weil sie ohne Mitwirkung von Sachverständigen entstanden sind."

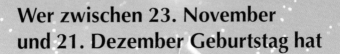

Wer zwischen 23. November und 21. Dezember Geburtstag hat

Der Schütze ist ein Feuer-zeichen. Die unter diesem Zeichen Geborenen besitzen klaren Verstand, Instinktsicherheit im Handeln und viel Phantasie.

Im Schützen hat der Planet Jupiter sein Haus. Der „Götter-vater" vermittelt Optimismus und Lebensfreude; Schützegeborene gelten als tolerante Freigeister, die dem Treiben der übrigen Sternzeichen mit einer gewissen Gelassenheit gegenüberstehen.

Die dominierenden Farben sind Purpur und dunkles Blau. Unter den Pflanzen gehören Löwen-zahn, Malven und wilder Thymian dem Schützen an. Eiche, Birke und Linde, Maulbeerbaum, Kastanie und Esche gelten als Schütze-Bäume.
Das klassische Metall ist Zinn; manche Schützegeborenen tragen es sogar – poliert – als Schmuck.
Topas und Chalzedon rechnen zu den typischen Mineralen dieses Zeichens.

SCHÜTZE
lat. SAGITTARIUS

23. NOVEMBER – 21. DEZEMBER

23.11.
1920 Paul Celan; dt. Lyriker
1933 Krzystof Penderecki; poln. Komponist

24.11.
1632 Benedictus de Spinoza; port.-niederl. Philosoph
1864 Henri de Toulouse-Lautrec; frz. Maler und Graphiker

25.11.
1844 Carl Friedrich Benz; dt. Autokonstrukteur
1881 Johannes XXIII.; röm. Papst

26.11.
1912 Eugène Ionesco; rum.-frz. Dramatiker
1939 Tina Turner; am. Rocksängerin

27.11.
1701 Anders Celsius; schwed. Astronom und Physiker
1944 Danny De Vito; am. Schauspieler

28.11.
1820 Friedrich Engels; dt. Sozialist und Schriftsteller
1881 Stefan Zweig; österr. Schriftsteller

29.11.
1797 Gaëtano Donizetti; ital. Komponist
1803 Gottfried Semper; dt. Architekt

30.11.
1835 Mark Twain; am. Schriftsteller
1874 Winston Churchill; brit. Politiker, Schriftsteller

Sagittarius

01.12.

1893 Ernst Toller; dt. Schriftsteller
1935 Woody Allan; am. Schauspieler und Filmregisseur

02.12.

1891 Otto Dix; dt. Maler

03.12.

1596 Nicola Amati; ital. Geigenbauer
1857 Joseph Conrad; poln.-brit. Schriftsteller

04.12.

1866 Wassily Kandinsky; russ. Maler
1933 Horst Buchholz; dt. Schauspieler

05.12.

1901 Werner Heisenberg; dt. Physiker
1901 Walt Disney; am. Filmproduzent

06.12.

1942 Peter Handke; österr. Schriftsteller

07.12.

1801 Johann Nestroy; österr. Schauspieler und Lustspieldichter
1872 Johan Huizinga; niederl. Kulturhistoriker

08.12.

1815 Adolph von Menzel; dt. Maler und Graphiker
1865 Jean Sibelius; finn. Komponist

09.12.
1594 Gustav II. Adolf, König von Schweden
1916 Kirk Douglas; am. Schauspieler

10.12.
1845 Wilhelm von Bode; dt. Kunsthistoriker

11.12.
1803 Hector Berlioz; frz. Komponist
1874 Paul Wegener; dt. Schauspieler

12.12.
1821 Gustave Flaubert; frz. Schriftsteller
1929 John Osborne; brit. Dramatiker

13.12.
1797 Heinrich Heine; dt. Dichter
1915 Curd Jürgens; dt. Schauspieler

14.12.
1546 Tycho Brahe; dän. Astronom
1951 Mike Krüger; dt. Liedermacher und Schauspieler

15.12.
1784 Ludwig Devrient; dt. Schauspieler
1907 Oscar Niemeyer; brasil. Architekt

16.12.
1742 Gebhard Leberecht von Blücher; preuß. Feldmarschall

Sagittarius

17.12.

1770   Ludwig van Beethoven; dt. Komponist
1893   Erwin Piscator; dt. Regisseur und Theaterleiter

18.12.

1879   Paul Klee; dt. Maler
1913   Willy Brandt; dt. Politiker

19.12.

1910   Jean Genet; frz. Schriftsteller
1915   Edith Piaf; frz. Chansonnette

20.12.

1926   Otto Graf Lambsdorff; dt. Politiker

21.12.

1639   Jean Baptiste Racine; frz. Dramatiker
1917   Heinrich Böll; dt. Schriftsteller

Mark Twain (* 30.11.1835), einer der treffsichersten Satiriker aller Zeiten,
zog eines schönen Geburtstags Bilanz über sein Leben.
„Ich bin ein alter Mann", sagte er, „und habe viel Schreckliches erlebt."
Um nach einer kurzen Pause anzufügen:
„Zum Glück ist das meiste davon nie passiert."

Wer zwischen 22. Dezember und 20. Januar Geburtstag hat

Der Steinbock ist ein Erdzeichen. Unter diesem Zeichen Geborene bestechen durch gesunden Menschenverstand, Zielstrebigkeit und Pflichtbewußtsein.

Im Steinbock hat der Planet Saturn sein Haus. Das kann Steinbockgeborene ernst und schweigsam machen, zuweilen sogar düster und introvertiert wirken lassen. Andererseits gewinnt der Mars großen Einfluß auf Steinbockgeborene. Sie besitzen Tatkraft, Energie und Durchsetzungsvermögen, reagieren jedoch zuweilen sehr empfindlich auf Kritik.

Steinbockgeborene bevorzugen dunkle und gedeckte Farben. Unter den Pflanzen werden ihnen Stiefmütterchen und Efeu zugeordnet; Espe, Pinie und Eibe sind typische Steinbock-Bäume. Blei gilt als das charakteristische Metall; daher ziehen Steinbock-Menschen Silberschmuck dem gleißenden Gold oft vor. Die typischen Steinbock-Minerale sind Amethyst und Türkis.

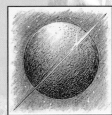

STEINBOCK
lat. CAPRICORNUS

22. DEZEMBER – 20. JANUAR

22.12.
1858 Giacomo Puccini; ital. Komponist
1899 Gustaf Gründgens; dt. Schauspieler, Regisseur

23.12.
1777 Alexander I.; russ. Zar
1918 Helmut Schmidt; dt. Politiker

24.12.
1837 Elisabeth („Sissi") von Bayern; österr. Kaiserin
1922 Ava Gardner; am. Schauspielerin

25.12.
1883 Maurice Utrillo; frz. Maler
1899 Humphrey Bogart; am. Schauspieler

26.12.
1194 Friedrich II.; röm.-dt. Kaiser
1769 Ernst Moritz Arndt; dt. Schriftsteller

27.12.
1571 Johannes Kepler; dt. Astronom
1822 Louis Pasteur; frz. Chemiker, Bakteriologe

28.12.
1889 Friedrich Wilhelm Murnau; dt. Regisseur
1925 Hildegard Knef; dt. Schauspielerin

29.12.
1800 Charles N. Goodyear; am. Chemiker (Kautschuksynthese)
1876 Pablo Casals; span. Cellist

Capricornus

30.12.

1819 Theodor Fontane; dt. Schriftsteller

31.12.

1632 Jan Vermeer van Delft; niederl. Maler
1747 Gottfried August Bürger; dt. Dichter

01.01.

1449 Lorenzino de' Medici („der Prächtige"); ital. Fürst
1484 Ulrich Zwingli; schweiz. Reformator

02.01.

1859 Anna Sacher; österr. Hotelbesitzerin
1870 Ernst Barlach; dt. Bildhauer, Graphiker, Dichter

03.01.

1829 Konrad Duden; dt. Philologe
1899 Pola Negri; poln.-am. Schauspielerin

04.01.

1643 Isaac Newton; engl. Naturwissenschaftler
1872 Edmund Rumpler; österr. Flugzeugkonstrukteur

05.01.

1876 Konrad Adenauer; dt. Politiker
1938 Juan Carlos I.; span. König

06.01.

1822 Heinrich Schliemann; dt. Archäologe
1964 Henry Maske; dt. Boxer

07.01.
1745 Charles Montgolfière; frz. Erfinder, Ballonfahrer
1834 Philipp Reis; dt. Physiker

08.01.
1830 Hans von Bülow; dt. Dirigent
1909 Willy Millowitsch; dt. Schauspieler

09.01.
1913 Richard Nixon; am. Politiker, Präsident der USA

10.01.
1858 Heinrich Zille; dt. Graphiker
1880 Adrian Wettach ("Grock"); schweiz. Clown

11.01.
1900 Valeska Gert; dt. Tänzerin, Schauspielerin und Kabarettistin

12.01.
1746 Johann Heinrich Pestalozzi; schweiz. Pädagoge
1876 Jack London; am. Schriftsteller

13.01.
1881 Wilhelm Worringer; dt. Kunsthistoriker

14.01.
1875 Albert Schweitzer; dt.-frz. Arzt, Theologe, Musikforscher
1892 Martin Niemöller; dt. Theologe, Widerstandskämpfer

15.01.

1791 Franz Grillparzer; österr. Dichter
1907 Aristoteles Onassis; griech. Reeder

16.01.

1675 Louis Duc de Saint-Simon; frz. Fürst, Schriftsteller

17.01.

1600 Pedro Calderon de la Barca; span. Dichter
1863 Konstantin Stanislawski; russ. Regisseur

18.01.

1914 Arno Schmidt; dt. Schriftsteller
1955 Kevin Costner; am. Filmschauspieler

19.01.

1736 James Watt; engl. Erfinder (Dampfmaschine)
1839 Paul Cézanne; frz. Maler

20.01.

1920 Federico Fellini; ital. Regisseur
1930 Edwin Aldrin; am. Astronaut (1. Mondlandung)

Eine typische Steinbock-Antwort gab der erste deutsche Bundeskanzler,
Konrad Adenauer (* 05.01.1876), in einer Präsidiumssitzung der CDU.
„Herr Adenauer wünscht", war ihm von einem Präsidiumsmitglied vorgehalten
worden, „daß wir zu allem ja und amen sagen sollen."
Adenauer erwiderte trocken: „Meine Herren, es jenücht mir, wenn Se ja sagen."

Wer zwischen 21. Januar und 19. Februar Geburtstag hat

Der Wassermann ist ein Luftzeichen. Unter diesem Zeichen Geborene vermögen die Welt mit viel Humor zu sehen, zugleich dominiert ihr Verstand das Gefühl.

Planetenherrscher ist der Uranus. Er gibt Wassermanngeborenen die Energie, an ihren Zielen unabrückbar festzuhalten, beflügelt ihren Geist und ihren Ideenreichtum, soll aber auch gelegentlich für Nervosität und unvorhergesehene Störungen in der Lebensplanung verantwortlich sein.

Die typischen Wassermann-Farben sind Stahlblau und Türkis. Unter den Pflanzen werden ihm Orchidee und Goldrute zugeordnet. Obstbäumen, besonders Birne und Pfirsich, sollen Wassermanngeborene besonders zugeneigt sein.
Das „leichte" Aluminium gehört als charakteristisches Metall zu diesem Sternzeichen. Beryll, Amethyst und Aquamarin sind die Minerale, die man ihm zuordnet.

WASSERMANN
lat. AQUARIUS

21.01.

1878 Egon Friedell; österr. Schriftsteller
1905 Christian Dior; frz. Modeschöpfer

22.01.

1729 Gotthold Ephraim Lessing; dt. Schriftsteller

23.01.

1832 Edouard Manet; frz. Maler
1898 Sergej Eisenstein; russ. Filmregisseur

24.01.

1712 Friedrich II., „der Große"; preuß. König
1888 Ernst Heinkel; dt. Flugzeugkonstrukteur

25.01.

1874 William Somerset Maugham; brit. Schriftsteller
1899 Paul Henri Spaak; belg. Politiker

26.01.

1905 Bernhard Minetti; dt. Schauspieler
1928 Roger Vadim; frz. Filmregisseur

27.01.

1756 Wolfgang Amadeus Mozart; österr. Komponist
1891 Ilja Ehrenburg; russ. Schriftsteller

28.01.

1887 Artur Rubinstein; poln.-am. Pianist

29.01.

1688   Emanuel Swedenborg; schwed. Theosoph und Naturforscher
1924   Luigi Nono; ital. Komponist

30.01.

1687   Balthasar Neumann; dt. Baumeister
1938   Beatrix; Königin der Niederlande

31.01.

1797   Franz Schubert; österr. Komponist
1884   Theodor Heuss; dt. Politiker

01.02.

1874   Hugo von Hofmannsthal; österr. Schriftsteller
1895   John Ford; am. Filmregisseur

02.02.

1829   Alfred Edmund Brehm; dt. Zoologe
1901   Jascha Heifetz; russ.-am. Violinist

03.02.

1859   Hugo Junkers; dt. Flugzeugkonstrukteur und Industrieller
1874   Gertrude Stein; am. Schriftstellerin

04.02.

1897   Ludwig Erhard; dt. Politiker
1902   Charles Lindbergh; am. Flugpionier

05.02.

1840   John Boyd Dunlop; schott. Erfinder (pneumatischer Gummireifen)

06.02.

1903   Claudio Arrau; chilen. Pianist
1932   François Truffaut; frz. Filmregisseur

07.02.

1478   Thomas Morus; engl. Philosoph und Politiker
1812   Charles Dickens; engl. Schriftsteller

08.02.

1828   Jules Verne; frz. Schriftsteller
1925   Sonja Ziemann; dt. Schauspielerin

09.02.

1789   Franz Xaver Gabelsberger; dt. Stenograph
1846   Wilhelm Maybach; dt. Motor- und Autokonstrukteur

10.02.

1879   W. C. Fields; am. Komiker, Schauspieler
1898   Bertolt Brecht; dt. Schriftsteller, Dramatiker

11.02.

1847   Thomas Alva Edison; am. Erfinder
1869   Else Lasker-Schüler; dt. Dichterin

12.02.

1809   Abraham Lincoln; am. Politiker, Präsident der USA
1884   Max Beckmann; dt. Maler

13.02.

1754   Charles Maurice de Talleyrand; frz. Diplomat und Politiker
1903   Georges Simenon; belg. Schriftsteller

Aquarius

14.02.

1895 Max Horkheimer; dt. Philosoph und Soziologe

15.02.

1564 Galileo Galilei; ital. Naturforscher und Astronom
1710 Ludwig XV.; König von Frankreich

16.02.

1497 Philipp Melanchthon; dt. Humanist und Reformator
1620 Friedrich Wilhelm; Kurfürst von Brandenburg
     („Großer Kurfürst")

17.02.

1766 Thomas Robert Malthus; engl. Nationalökonom

18.02.

1885 Nikos Kazantzakis; griech. Schriftsteller („Alexis Sorbas")
1954 John Travolta; am. Schauspieler

19.02.

1473 Nikolaus Kopernikus; dt.-poln. Astronom
1865 Sven Hedin; schwed. Weltreisender und Schriftsteller

Typischen Wassermann-Humor, selbst über das Grab hinaus,
bewies der amerikanische Komiker W. C. Fields (* 10.02.1879),
der stets ein Freund des schwarzen Humors war.
Für seinen Grabstein entwarf er selbst die Inschrift: „Eigentlich wäre ich
lieber in Philadelphia."

Wer zwischen 20. Februar und 20. März Geburtstag hat

Die Fische sind ein Wasserzeichen. Unter diesem Zeichen Geborene sind sanfte und freundliche Menschen, die Abwechslungen lieben und mitunter sehr romantisch veranlagt sind.

Die Fische werden vom Neptun regiert. Er steht für die künstlerischen Veranlagungen der Fischegeborenen, für ihre Visionen und ihre spirituellen Neigungen. Mitregent ist der wertkonservative Jupiter.

Die Leib- und Magenfarben der Fischegeborenen sind sanftes Meergrün und Purpur. Unter den Pflanzen werden ihnen Wasserlilie, Moose und Flechten, aber auch Lindenblüte, Orchidee und Löwenzahn zugeordnet. Alle nah am Wasser wurzelnden Bäume, aber auch Linde, Buche und Maulbeerbaum gelten als Fische-Bäume.
Zinn ist das klassische Metall der Fische; neuerdings zählen auch Platin und Titan dazu.
Die Minerale Mondstein, Chrysolith und Blutstein gehören zu den Fischen; von Schmuckliebhabern wird auch Perlmutt sehr geschätzt.

FISCHE
lat. PISCES

20. FEBRUAR – 20. MÄRZ

20.02.

1844 Ludwig Boltzmann; österr. Physiker
1927 Sidney Poitier; am. Schauspieler

21.02.

1880 Waldemar Bonsels; dt. Schriftsteller
1885 Sacha Guitry; russ.-frz. Schriftsteller und Schauspieler

22.02.

1788 Arthur Schopenhauer; dt. Philosoph
1840 August Bebel; dt. Politiker

23.02.

1685 Georg Friedrich Händel; dt.-engl. Komponist
1899 Erich Kästner; dt. Schriftsteller

24.02.

1786 Wilhelm Grimm; dt. Sprach- und Altertumswissenschaftler
1903 Franz Burda; dt. Verleger

25.02.

1873 Enrico Caruso; ital. Tenor
1888 John Foster Dulles; am. Politiker

26.02.

1802 Victor Hugo; frz. Schriftsteller

27.02.

1846 Franz Mehring; dt. Politiker und Schriftsteller
1902 John Steinbeck; am. Schriftsteller

Pisces

28.02.

1573 Elias Holl; dt. Baumeister
1833 Alfred Graf v. Schlieffen; preuß. General, Generalstabschef

29.02.

1792 Gioacchino Rossini; ital. Komponist

01.03.

1810 Frédéric Chopin; poln. Komponist
1885 Jürgen Fehling; dt. Regisseur und Theaterleiter

02.03.

1481 Franz von Sickingen; dt. Ritter
1824 Bedrich Smetana; tschech. Komponist

03.03.

1878 Leopold Jessner; dt. Regisseur und Theaterleiter

04.03.

1678 Antonio Vivaldi; ital. Komponist
1859 Alexander Popow; russ. Physiker

05.03.

1871 Rosa Luxemburg; dt. Politikerin und Schriftstellerin
1922 Pier Paolo Pasolini; ital. Regisseur, Schriftsteller

06.03.

1459 Jakob Fugger; dt. Großkaufmann
1923 Jürgen von Manger; dt. Schauspieler, Kabarettist

07.03.
1902 Heinz Rühmann; dt. Schauspieler und Regisseur
1908 Anna Magnani; ital. Schauspielerin

08.03.
1879 Otto Hahn; dt. Chemiker
1904 Viktor de Kowa; dt. Schauspieler

09.03.
1451 Amerigo Vespucci; ital. Seefahrer, Entdecker
1943 Robert Fischer; am. Schachspieler, Weltmeister

10.03.
1772 Friedrich von Schlegel; dt. Schriftsteller, Philosoph
1776 Luise; preuß. Königin

11.03.
1544 Torquato Tasso; ital. Dichter
1824 Julius Blüthner; dt. Klavierfabrikant

12.03.
1607 Paul Gerhard; dt. Theologe und Dichter
1888 Hans Knappertsbusch; dt. Dirigent

13.03.
1741 Joseph II.; röm.-dt. Kaiser
1890 Fritz Busch; dt. Dirigent

14.03.
1681 Georg Philipp Telemann; dt. Komponist
1854 Paul Ehrlich; dt. Mediziner und Pharmakologe

Pisces

15.03.

1907 Zarah Leander; schwed. Schauspielerin und Sängerin

16.03.

1789 Georg Simon Ohm; dt. Physiker
1941 Bernardo Bertolucci; ital. Filmregisseur

17.03.

1834 Gottlieb Daimler; dt. Erfinder, Automobilkonstrukteur, Unternehmer
1908 Brigitte Helm; dt. Schauspielerin

18.03.

1858 Rudolf Diesel; dt. Ingenieur und Erfinder
1939 Christa Wolf; dt. Schriftstellerin

19.03.

1873 Max Reger; dt. Komponist
1955 Bruce Willis; am. Filmschaupieler

20.03.

1770 Friedrich Hölderlin; dt. Dichter
1828 Henrik Ibsen; norw. Dramatiker

Der amerikanische Schriftsteller John Steinbeck (* 27.02.1902)
wurde von einer Studentin gebeten, den Beruf des Schriftstellers am Beispiel
seiner Karriere zu beschreiben.
„Das ist ganz einfach", sagte Steinbeck, „am Anfang zitiert man,
und am Ende wird man zitiert."

Die Planeten

Die Astrolgie kennt zehn Planeten, und sie zählt – im Gegensatz zur astronomischen Wissenschaft – auch Sonne und Mond dazu. Neben den sieben klassischen Planeten der Astrologie, dem Septennium Sonne, Mond, Merkur, Venus, Mars, Jupiter und Saturn gehören auch die aus astrologischer Sicht jungen Planeten Uranus, Neptun und Pluto.

Die Sonne beherrscht das Sternzeichen Löwe. Sie ist zentrales Symbol für Lebenskraft, Selbstbewußtsein, Ausstrahlungskraft und Repräsentation. Die Sonne gilt als Zentrum der kreativen Energie; sie drückt das Ich-Ideal aus und befördert die Tendenz zur Idealisierung und Spiritualisierung. Bei allen unter ihrer Herrschaft Geborenen fördert sie den Drang nach Freiheit und Selbstverwirklichung.

Der Mond beherrscht das Sternzeichen Krebs. Er symbolisiert das Seelische, das Unbewußte. Er veranlaßt die Suche nach innerer Sicherheit und steht traditionell für Mutterschaft und Gestaltungskraft: Unter seiner Herrschaft Geborene sollen besonders empfindsam und empfänglich für vielerlei Eindrücke sein und über viel Einfühlungsvermögen verfügen.

Der Merkur steht für Mobilität und Kommunikation, Gewandtheit und Beziehungsfähigkeit. Seine Herrschaft befördert die Ausprägung intellektueller Interessen, die Anpassungs- und Kritikfähigkeit. Jungfrau und Zwillinge müssen sich den Merkur teilen. Während den Zwillingen der heranwachsende Merkur, der Götterbote, zugeordnet wird, steht die Jungfrau zum erwachsenen Merkur, dem Träger des Hermesstabes, in Beziehung.

Die Venus steht für Schönheit und ästhetische Anziehungskraft, für Gefühlsausdruck und Sinnlichkeit. Die unter ihrer Herrschaft Geborenen können mit ausgeprägten künstlerischen Talenten rechnen. Die Venus beherrscht sowohl den Stier als auch die Waage. Als phönizische Venus-Astarte, als archaische Muttergottheit, regiert sie den Stier, in der Waage tritt sie als Venus-Aphrodite, als Göttin der Liebe und der Schönheit auf.

Der Mars bekam die Symbole des Krieges zugeschrieben. Mit ihm verband man seit alters Eigenschaften wie Kraft, Mut, Kampfes- und Eroberungslust. Als Regent des Sternzeichens Widder verstärkt er Realitätssinn und Tatkraft, Entschlußfreude und Selbstbehauptung. Man schreibt ihm sowohl vorwärtsweisende, realitätsverändernde Momente zu als auch die Kraft zur Bewahrung und Verteidigung des Bestehenden und Erworbenen.

Der Jupiter symbolisiert die Werte des Zusammenhalts, der festen Fügung der Weltordnung und der Harmonie von Himmels- und Erdkreis. Das Sternzeichen Schütze regiert er in seiner mythologischen Ausprägung als Zeus-Jupiter, als Herrscher des Olymp, als Gott des Lichts. Unter seiner Regentschaft Geborene verfügen über ein ausgeprägtes Urteilsvermögen, über Selbstbewußtsein und Sicherheit im Handeln und über viel Gerechtigkeitssinn.

Der Saturn steht nach astrologischer Deutung für Zielstrebigkeit und Strukturierung, Tradition und Erfahrung. Er bestimmt die konstruktiven Fähigkeiten der unter seiner Regentschaft Geborenen und läßt sie zugleich realistisch ihre Grenzen erkennen. Saturn beherrscht das Sternzeichen Steinbock. Saturn-Menschen stellen in der Regel ihre Gefühle hinter den Intellekt zurück und agieren mit kalter Leidenschaft für die Erreichung ihrer Ziele.

Der Uranus wurde erst 1781 von F. W. Herschel entdeckt und gehört nicht mehr zu den sieben aus astrologischer Sicht klassischen Planeten, dem Septennium. Nach astrologischer Deutung steht er für Originalität und Imaginationskraft, wird aber auch für die Exzentrizität mancher unter seiner Herrschaft Geborener verantwortlich gemacht. Er soll die Unabhängigkeit von überkommenen Gewohnheiten und Traditionen befördern. Seit seiner Entdeckung hat er Saturn als Beherrscher des Sternzeichens Wassermann abgelöst.

Der Neptun wurde 1846 von J. G. Galle entdeckt und gehört damit auch zu den aus astrologischer Sicht jüngeren Planeten. Er steht für Entgrenzung und spirituelle Empfänglichkeit. Als Herrscher des Sternzeichens Fische – bis zu seiner Entdeckung regierte Jupiter die Fische – befördert er Inspiration und Imaginationskraft, Idealismus und die Fähigkeit zur freien Selbstverwirklichung. Viele Fische-Menschen machen die von Neptun vermittelten künstlerischen Ambitionen zu ihrem Beruf.

Der Pluto wurde erst 1930 entdeckt, nachdem seine Existenz zuvor aufgrund von Bahnstörungen des Uranus errechnet worden war. Er hat von allen Planeten die exzentrischste Bahn, die im Perihel sogar die Neptun-Bahn schneidet. Er steht für Transzendenz, Tod und Wiedergeburt und vermittelt den unter seiner Herrschaft Geborenen die Fähigkeit, die verborgene Seite an Dingen und Erscheinungen wahrzunehmen. Als Regent des Sternzeichens Skorpion hat er den Mars abgelöst und vermittelt neben Macht und Zerstörungskraft auch eine gehörige Portion Charme.

Immerwährender Kalender

Auf welchen Wochentag fällt ein Datum?

Wenn Sie wissen wollen, auf welchen Wochentag ein Datum fiel, das für Sie von besonderer Bedeutung ist – zum Beispiel der Geburtstag Ihres Lebenspartners, der Hochzeitstag Ihrer Eltern oder der Einschulungstag Ihres Kindes – können Sie sich leicht anhand der drei Tabellen orientieren.

Sie wollen zum Beispiel wissen, welcher Tag der 23. August 1956 war. Suchen Sie zuerst in der Jahrestabelle das fragliche Jahr des Ereignisses – zum Beispiel 1956. Dann gleiten Sie auf der selben Zeile hinüber zur direkt angeschlossenen Monatstabelle – nehmen Sie gegebenenfalls ein Lineal zur Hilfe – und lesen die Zahl ab, die unter dem betreffenden Monat steht. In diesem Beispiel steht in der August-Spalte eine 3. Addieren Sie jetzt zu dieser Zahl den Monatstag – also die 23 – und Sie erhalten die Zahl 26 (3 + 23), die Sie in der Tagestabelle aufsuchen müssen, um den Wochentag zu ermitteln. Jetzt wissen Sie, daß der 23. August 1956 ein Donnerstag war.

Jahrestabelle 1901 – 2000				Monatstabelle										
				J	F	M	A	M	J	J	A	S	O	N	D
	25	53	81	4	0	0	3	5	1	3	6	2	4	0	2
	26	54	82	5	1	1	4	6	2	4	0	3	5	1	3
	27	55	83	6	2	2	5	0	3	5	1	4	6	2	4
	28	56	84	0	3	4	0	2	5	0	3	6	1	4	6
01	29	57	85	2	5	5	1	3	6	1	4	0	2	5	0
02	30	58	86	3	6	6	2	4	0	2	5	1	3	6	1
03	31	59	87	4	0	0	3	5	1	3	6	2	4	0	2
04	32	60	88	5	1	2	5	0	3	5	1	4	6	2	4
05	33	61	89	0	3	3	6	1	4	6	2	5	0	3	5
06	34	62	90	1	4	4	0	2	5	0	3	6	1	4	6
07	35	63	91	2	5	5	1	3	6	1	4	0	2	5	0
08	36	64	92	3	6	0	3	5	1	3	6	2	4	0	2
09	37	65	93	5	1	1	4	6	2	4	0	3	5	1	3
10	38	66	94	6	2	2	5	0	3	5	1	4	6	2	4
11	39	67	95	0	3	3	6	1	4	6	2	5	0	3	5
12	40	68	96	1	4	5	1	3	6	1	4	0	2	5	0
13	41	69	97	3	6	6	2	4	0	2	5	1	3	6	1
14	42	70	98	4	0	0	3	5	1	3	6	2	4	0	2
15	43	71	99	5	1	1	4	6	2	4	0	3	5	1	3
16	44	72	00	6	2	3	6	1	4	6	2	5	0	3	5
17	45	73		1	4	4	0	2	5	0	3	6	1	4	6
18	46	74		2	5	5	1	3	6	1	4	0	2	5	0
19	47	75		3	6	6	2	4	0	2	5	1	3	6	1
20	48	76		4	0	1	4	6	2	4	0	3	5	1	3
21	49	77		6	2	2	5	0	3	5	1	4	6	2	4
22	50	78		0	3	3	6	1	4	6	2	5	0	3	5
23	51	79		1	4	4	0	2	5	0	3	6	1	4	6
24	52	80		2	5	6	2	4	0	2	5	1	3	6	1

Auf die gleiche Weise können Sie natürlich auch die Wochentage bevorstehender Ereignisse ermitteln. Wenn Sie also am 13. Juli 2014 Silberhochzeit haben, können Sie schon einplanen, daß vielleicht ein paar Gäste mehr kommen, denn Ihr Jubelfest fällt auf einen Sonntag.

Tagestabelle

Sonntag	1	8	15	22	29	36
Montag	2	9	16	23	30	37
Dienstag	3	10	17	24	31	
Mittwoch	4	11	18	25	32	
Donnerstag	5	12	19	26	33	
Freitag	6	13	20	27	34	
Sonnabend	7	14	21	28	35	

Jahrestabelle 2001 – 2099 / Monatstabelle

\	\	\	\	J	F	M	A	M	J	J	A	S	O	N	D
	09	37	65	93	4	0	0	3	5	1	3	6	2	4	0	2
	10	38	66	94	5	1	1	4	6	2	4	0	3	5	1	3
	11	39	67	95	6	2	2	5	0	3	5	1	4	6	2	4
	12	40	68	96	0	3	4	0	2	5	0	3	6	1	4	6
	13	41	69	97	2	5	5	1	3	6	1	4	0	2	5	0
	14	42	70	98	3	6	6	2	4	0	2	5	1	3	6	1
	15	43	71	99	4	0	0	3	5	1	3	6	2	4	0	2
	16	44	72		5	1	2	5	0	3	5	1	4	6	2	4
	17	45	73		0	3	3	6	1	4	6	2	5	0	3	5
	18	46	74		1	4	4	0	2	5	0	3	6	1	4	6
	19	47	75		2	5	5	1	3	6	1	4	0	2	5	0
	20	48	76		3	6	0	3	5	1	3	6	2	4	0	2
	21	49	77		5	1	1	4	6	2	4	0	3	5	1	3
	22	50	78		6	2	2	5	0	3	5	1	4	6	2	4
	23	51	79		0	3	3	6	1	4	6	2	5	0	3	5
	24	52	80		1	4	5	1	3	6	1	4	0	2	5	0
	25	53	81		3	6	6	2	4	0	2	5	1	3	6	1
	26	54	82		4	0	0	3	5	1	3	6	2	4	0	2
	27	55	83		5	1	1	4	6	2	4	0	3	5	1	3
	28	56	84		6	2	3	6	1	4	6	2	5	0	3	5
01	29	57	85		1	4	4	0	2	5	0	3	6	1	4	6
02	30	58	86		2	5	5	1	3	6	1	4	0	2	5	0
03	31	59	87		3	6	6	2	4	0	2	5	1	3	6	1
04	32	60	88		4	0	1	4	6	2	4	0	3	5	1	3
05	33	61	89		6	2	2	5	0	3	5	1	4	6	2	4
06	34	62	90		0	3	3	6	1	4	6	2	5	0	3	5
07	35	63	91		1	4	4	0	2	5	0	3	6	1	4	6
08	36	64	92		2	5	6	2	4	0	2	5	1	3	6	1

Adressen

✉ ....

📞 .... 🖨 ....

✉ ....

📞 .... 🖨 ....

✉ ....

📞 .... 🖨 ....

✉ ....

📞 .... 🖨 ....

✉ ....

📞 .... 🖨 ....

✉ ....

📞 .... 🖨 ....

✉ ....

📞 .... 🖨 ....

Adressen

....
....
....

....

....
....
....

....

....
....
....

....

....
....
....

....

....
....
....

....

....
....
....

Adressen

✉ ....

....

☎ .... 🖨 ....

✉ ....

....

☎ .... 🖨 ....

✉ ....

....

☎ .... 🖨 ....

✉ ....

....

☎ .... 🖨 ....

✉ ....

....

☎ .... 🖨 ....

✉ ....

....

☎ .... 🖨 ....

✉ ....

....

☎ .... 🖨 ....

Adressen

✉ ....
....

📞 .... 🖨 ....

✉ ....
....

📞 .... 🖨 ....

✉ ....
....

📞 .... 🖨 ....

✉ ....
....

📞 .... 🖨 ....

✉ ....
....

📞 .... 🖨 ....

✉ ....
....

📞 .... 🖨 ....

✉ ....
....

📞 .... 🖨 ....

Adressen

✉ ....
....

📞 .... 🖨 ....

✉ ....
....

📞 .... 🖨 ....

✉ ....
....

📞 .... 🖨 ....

✉ ....
....

📞 .... 🖨 ....

✉ ....
....

📞 .... 🖨 ....

✉ ....
....

📞 .... 🖨 ....

✉ ....
....

📞 .... 🖨 ....

Adressen

✉ ....

☎ .... 🖨 ....

✉ ....

☎ .... 🖨 ....

✉ ....

☎ .... 🖨 ....

✉ ....

☎ .... 🖨 ....

✉ ....

☎ .... 🖨 ....

✉ ....

☎ .... 🖨 ....

✉ ....

☎ .... 🖨 ....

Adressen

✉ ....

📞 .... 🖨 ....

✉ ....

📞 .... 🖨 ....

✉ ....

📞 .... 🖨 ....

✉ ....

📞 .... 🖨 ....

✉ ....

📞 .... 🖨 ....

✉ ....

📞 .... 🖨 ....

✉ ....

📞 .... 🖨 ....

Adressen

✉ ....

📞 .... 🖨 ....

✉ ....

📞 .... 🖨 ....

✉ ....

📞 .... 🖨 ....

✉ ....

📞 .... 🖨 ....

✉ ....

📞 .... 🖨 ....

✉ ....

📞 .... 🖨 ....

✉ ....

📞 .... 🖨 ....

Adressen

✉ ....

☎ .... 🖨 ....

✉ ....

☎ .... 🖨 ....

✉ ....

☎ .... 🖨 ....

✉ ....

☎ .... 🖨 ....

✉ ....

☎ .... 🖨 ....

✉ ....

☎ .... 🖨 ....

✉ ....

☎ .... 🖨 ....

Adressen

 ....

....

📞 .... 🖨 ....

✉ ....

....

📞 .... 🖨 ....

✉ ....

....

📞 .... 🖨 ....

✉ ....

....

📞 .... 🖨 ....

✉ ....

....

📞 .... 🖨 ....

✉ ....

....

📞 .... 🖨 ....

✉ ....

....

📞 .... 🖨 ....

Adressen

✉ ....

📞 ....   🖨 ....

✉ ....

📞 ....   🖨 ....

✉ ....

📞 ....   🖨 ....

✉ ....

📞 ....   🖨 ....

✉ ....

📞 ....   🖨 ....

✉ ....

📞 ....   🖨 ....

✉ ....

📞 ....   🖨 ....

Adressen

✉ ....

☎ .... 🖨 ....

✉ ....

☎ .... 🖨 ....

✉ ....

☎ .... 🖨 ....

✉ ....

☎ .... 🖨 ....

✉ ....

☎ .... 🖨 ....

✉ ....

☎ .... 🖨 ....

✉ ....

☎ .... 🖨 ....

Adressen

✉ ....

....

☎ .... 🖨 ....

✉ ....

....

☎ .... 🖨 ....

✉ ....

....

☎ .... 🖨 ....

✉ ....

....

☎ .... 🖨 ....

✉ ....

....

☎ .... 🖨 ....

✉ ....

....

☎ .... 🖨 ....

✉ ....

....

☎ .... 🖨 ....

Adressen

✉ ....

📞 .... 🖨 ....

✉ ....

📞 .... 🖨 ....

✉ ....

📞 .... 🖨 ....

✉ ....

📞 .... 🖨 ....

✉ ....

📞 .... 🖨 ....

✉ ....

📞 .... 🖨 ....

✉ ....

📞 .... 🖨 ....

Adressen

✉ ....

....

☎ .... 🖨 ....

✉ ....

....

☎ .... 🖨 ....

✉ ....

....

☎ .... 🖨 ....

✉ ....

....

☎ .... 🖨 ....

✉ ....

....

☎ .... 🖨 ....

✉ ....

....

☎ .... 🖨 ....

✉ ....

....

☎ .... 🖨 ....

Adressen

✉ ....

📞 .... 🖨 ....

✉ ....

📞 .... 🖨 ....

✉ ....

📞 .... 🖨 ....

✉ ....

📞 .... 🖨 ....

✉ ....

📞 .... 🖨 ....

✉ ....

📞 .... 🖨 ....

✉ ....

📞 .... 🖨 ....

Adressen

✉ ....

☎ .... 🖨 ....

✉ ....

☎ .... 🖨 ....

✉ ....

☎ .... 🖨 ....

✉ ....

☎ .... 🖨 ....

✉ ....

☎ .... 🖨 ....

✉ ....

☎ .... 🖨 ....

✉ ....

☎ .... 🖨 ....

Adressen

✉ ....

☎ .... 🖨 ....

✉ ....

☎ .... 🖨 ....

✉ ....

☎ .... 🖨 ....

✉ ....

☎ .... 🖨 ....

✉ ....

☎ .... 🖨 ....

✉ ....

☎ .... 🖨 ....

✉ ....

☎ .... 🖨 ....

Adressen

✉ ....

☎ .... 🖶 ....

✉ ....

☎ .... 🖶 ....

✉ ....

☎ .... 🖶 ....

✉ ....

☎ .... 🖶 ....

✉ ....

☎ .... 🖶 ....

✉ ....

☎ .... 🖶 ....

✉ ....

☎ .... 🖶 ....

Adressen

✉ ....
....

☎ .... 🖨 ....

✉ ....
....

☎ .... 🖨 ....

✉ ....
....

☎ .... 🖨 ....

✉ ....
....

☎ .... 🖨 ....

✉ ....
....

☎ .... 🖨 ....

✉ ....
....

☎ .... 🖨 ....

✉ ....
....

☎ .... 🖨 ....

Adressen

✉ ....

✉ ....

☎ .... 📠 ....

✉ ....

✉ ....

☎ .... 📠 ....

✉ ....

✉ ....

☎ .... 📠 ....

✉ ....

✉ ....

☎ .... 📠 ....

✉ ....

✉ ....

☎ .... 📠 ....

✉ ....

✉ ....

☎ .... 📠 ....

✉ ....

✉ ....

☎ .... 📠 ....

Adressen

✉ ....
....
📞 .... 🖨 ....
✉ ....
....
📞 .... 🖨 ....
✉ ....
....
📞 .... 🖨 ....
✉ ....
....
📞 .... 🖨 ....
✉ ....
....
📞 .... 🖨 ....
✉ ....
....
📞 .... 🖨 ....
✉ ....
....
📞 .... 🖨 ....

Adressen

✉ ....

☎ .... 🖨 ....

✉ ....

☎ .... 🖨 ....

✉ ....

☎ .... 🖨 ....

✉ ....

☎ .... 🖨 ....

✉ ....

☎ .... 🖨 ....

✉ ....

☎ .... 🖨 ....

✉ ....

☎ .... 🖨 ....

Adressen

✉ ....

📞 .... 🖨 ....

✉ ....

📞 .... 🖨 ....

✉ ....

📞 .... 🖨 ....

✉ ....

📞 .... 🖨 ....

✉ ....

📞 .... 🖨 ....

✉ ....

📞 .... 🖨 ....

✉ ....

📞 .... 🖨 ....

Adressen

✉ ....

📞 .... 🖨 ....

✉ ....

📞 .... 🖨 ....

✉ ....

📞 .... 🖨 ....

✉ ....

📞 .... 🖨 ....

✉ ....

📞 .... 🖨 ....

✉ ....

📞 .... 🖨 ....

✉ ....

📞 .... 🖨 ....

Adressen

✉ ....

....

☎ .... 🖨 ....

✉ ....

....

☎ .... 🖨 ....

✉ ....

....

☎ .... 🖨 ....

✉ ....

....

☎ .... 🖨 ....

✉ ....

....

☎ .... 🖨 ....

✉ ....

....

☎ .... 🖨 ....

✉ ....

....

☎ .... 🖨 ....

Adressen

✉ ....

📞 .... 🖨 ....

✉ ....

📞 .... 🖨 ....

✉ ....

📞 .... 🖨 ....

✉ ....

📞 .... 🖨 ....

✉ ....

📞 .... 🖨 ....

✉ ....

📞 .... 🖨 ....

✉ ....

📞 .... 🖨 ....

Adressen

✉ ....

📞 .... 🖨 ....

✉ ....

📞 .... 🖨 ....

✉ ....

📞 .... 🖨 ....

✉ ....

📞 .... 🖨 ....

✉ ....

📞 .... 🖨 ....

✉ ....

📞 .... 🖨 ....

✉ ....

📞 .... 🖨 ....

Adressen

✉ ....

📞 .... 🖨 ....

✉ ....

📞 .... 🖨 ....

✉ ....

📞 .... 🖨 ....

✉ ....

📞 .... 🖨 ....

✉ ....

📞 .... 🖨 ....

✉ ....

📞 .... 🖨 ....

✉ ....

📞 .... 🖨 ....

Adressen

✉ ....

📞 .... 🖨 ....

✉ ....

📞 .... 🖨 ....

✉ ....

📞 .... 🖨 ....

✉ ....

📞 .... 🖨 ....

✉ ....

📞 .... 🖨 ....

✉ ....

📞 .... 🖨 ....

✉ ....

📞 .... 🖨 ....

Adressen

✉ ....

📞 .... 📠 ....

✉ ....

📞 .... 📠 ....

✉ ....

📞 .... 📠 ....

✉ ....

📞 .... 📠 ....

✉ ....

📞 .... 📠 ....

✉ ....

📞 .... 📠 ....

✉ ....

📞 .... 📠 ....

Adressen

✉ ....

📞 .... 🖨 ....

✉ ....

📞 .... 🖨 ....

✉ ....

📞 .... 🖨 ....

✉ ....

📞 .... 🖨 ....

✉ ....

📞 .... 🖨 ....

✉ ....

📞 .... 🖨 ....

Adressen

✉ ....

📞 .... 🖨 ....

✉ ....

📞 .... 🖨 ....

✉ ....

📞 .... 🖨 ....

✉ ....

📞 .... 🖨 ....

✉ ....

📞 .... 🖨 ....

✉ ....

📞 .... 🖨 ....

✉ ....

📞 .... 🖨 ....

Adressen

✉ ....
....

📞 .... 📠 ....

✉ ....
....

📞 .... 📠 ....

✉ ....
....

📞 .... 📠 ....

✉ ....
....

📞 .... 📠 ....

✉ ....
....

📞 .... 📠 ....

✉ ....
....

📞 .... 📠 ....

✉ ....
....

📞 .... 📠 ....

Adressen

✉ ....

☎ .... 🖨 ....

✉ ....

☎ .... 🖨 ....

✉ ....

☎ .... 🖨 ....

✉ ....

☎ .... 🖨 ....

✉ ....

☎ .... 🖨 ....

✉ ....

☎ .... 🖨 ....

✉ ....

☎ .... 🖨 ....

Adressen

✉ ....

📞 .... 🖨 ....

✉ ....

📞 .... 🖨 ....

✉ ....

📞 .... 🖨 ....

✉ ....

📞 .... 🖨 ....

✉ ....

📞 .... 🖨 ....

✉ ....

📞 .... 🖨 ....

✉ ....

📞 .... 🖨 ....

Adressen

✉ ....

📞 .... 🖨 ....

✉ ....

📞 .... 🖨 ....

✉ ....

📞 .... 🖨 ....

✉ ....

📞 .... 🖨 ....

✉ ....

📞 .... 🖨 ....

✉ ....

📞 .... 🖨 ....

✉ ....

📞 .... 🖨 ....

Adressen

✉ ....

📞 ....   🖨 ....

✉ ....

📞 ....   🖨 ....

✉ ....

📞 ....   🖨 ....

✉ ....

📞 ....   🖨 ....

✉ ....

📞 ....   🖨 ....

✉ ....

📞 ....   🖨 ....

✉ ....

📞 ....   🖨 ....

Adressen

✉ ....

📞 .... 🖨 ....

✉ ....

📞 .... 🖨 ....

✉ ....

📞 .... 🖨 ....

✉ ....

📞 .... 🖨 ....

✉ ....

📞 .... 🖨 ....

✉ ....

📞 .... 🖨 ....

✉ ....

📞 .... 🖨 ....

Adressen

✉ ....

....

☎ .... 🖶 ....

✉ ....

....

☎ .... 🖶 ....

✉ ....

....

☎ .... 🖶 ....

✉ ....

....

☎ .... 🖶 ....

✉ ....

....

☎ .... 🖶 ....

✉ ....

....

☎ .... 🖶 ....

✉ ....

....

☎ .... 🖶 ....

Adressen

✉ ....

📞 .... 📠 ....

✉ ....

📞 .... 📠 ....

✉ ....

📞 .... 📠 ....

✉ ....

📞 .... 📠 ....

✉ ....

📞 .... 📠 ....

✉ ....

📞 .... 📠 ....

✉ ....

📞 .... 📠 ....

Adressen

✉ ....

📞 .... 🖨 ....

✉ ....

📞 .... 🖨 ....

✉ ....

📞 .... 🖨 ....

✉ ....

📞 .... 🖨 ....

✉ ....

📞 .... 🖨 ....

✉ ....

📞 .... 🖨 ....

✉ ....

📞 .... 🖨 ....

Adressen

✉ ....

📞 .... 🖨 ....

✉ ....

📞 .... 🖨 ....

✉ ....

📞 .... 🖨 ....

✉ ....

📞 .... 🖨 ....

✉ ....

📞 .... 🖨 ....

✉ ....

📞 .... 🖨 ....

✉ ....

📞 .... 🖨 ....

Adressen

✉ ....
....

📞 .... 🖨 ....

✉ ....
....

📞 .... 🖨 ....

✉ ....
....

📞 .... 🖨 ....

✉ ....
....

📞 .... 🖨 ....

✉ ....
....

📞 .... 🖨 ....

✉ ....
....

📞 .... 🖨 ....

✉ ....
....

📞 .... 🖨 ....

Adressen

✉ ....

📞 .... 🖨 ....

✉ ....

📞 .... 🖨 ....

✉ ....

📞 .... 🖨 ....

✉ ....

📞 .... 🖨 ....

✉ ....

📞 .... 🖨 ....

✉ ....

📞 .... 🖨 ....

✉ ....

📞 .... 🖨 ....

Adressen

✉ ....

📞 .... 📠 ....

✉ ....

📞 .... 📠 ....

✉ ....

📞 .... 📠 ....

✉ ....

📞 .... 📠 ....

✉ ....

📞 .... 📠 ....

✉ ....

📞 .... 📠 ....

✉ ....

📞 .... 📠 ....

Adressen

✉ ....

📞 .... 🖨 ....

✉ ....

📞 .... 🖨 ....

✉ ....

📞 .... 🖨 ....

✉ ....

📞 .... 🖨 ....

✉ ....

📞 .... 🖨 ....

✉ ....

📞 .... 🖨 ....

✉ ....

📞 .... 🖨 ....

Adressen

✉ ....
....

☎ ....   🖨 ....

✉ ....
....

☎ ....   🖨 ....

✉ ....
....

☎ ....   🖨 ....

✉ ....
....

☎ ....   🖨 ....

✉ ....
....

☎ ....   🖨 ....

✉ ....
....

☎ ....   🖨 ....

✉ ....
....

☎ ....   🖨 ....

Adressen

✉ ....

📞 .... 🖨 ....

✉ ....

📞 .... 🖨 ....

✉ ....

📞 .... 🖨 ....

✉ ....

📞 .... 🖨 ....

✉ ....

📞 .... 🖨 ....

✉ ....

📞 .... 🖨 ....

Adressen

✉ ....

📞 .... 🖨 ....

✉ ....

📞 .... 🖨 ....

✉ ....

📞 .... 🖨 ....

✉ ....

📞 .... 🖨 ....

✉ ....

📞 .... 🖨 ....

✉ ....

📞 .... 🖨 ....

✉ ....

📞 .... 🖨 ....

ISBN 3 8068 2414 2

© 1997 by FALKEN Verlag, 65527 Niedernhausen/Ts.
Die Verwertung der Texte und Bilder, auch auszugsweise, ist ohne
Zustimmung des Verlags urheberrechtswidrig und strafbar.
Die gilt auch für Vervielfältigungen, Übersetzungen, Mikroverfilmung
und für die Verarbeitung mit elektronischen Systemen

Umschlaggestaltung: Rincón², Design & Produktion GmbH, Köln
Layout: Klaus Ohl, Wiesbaden
Redaktion: Thomas Wieke
Herstellung: Ulrich Klein
Titelbild: Rincón², Design & Produktion GmbH, Köln / M. Klinnert
Illustrationen: Olaf Thiede, Potsdam; M. Klinnert, Köln

Die Ratschläge in diesem Buch sind von den Autoren und vom Verlag
sorgfältig erwogen und geprüft, dennoch kann eine Garantie nicht
übernommen werden. Eine Haftung der Autoren bzw. des Verlags und
seiner Beauftragten für Personen-, Sach- und Vermögensschäden ist
ausgeschlossen.

Satz: FALKEN Verlag, Niedernhausen/Ts.
Druck: Appl, Wemding

817 2635 4453 6271